TRAITÉ

DES

PARTICIPES.

TRAITÉ

DES

PARTICIPES,

par

ERNEST SMITS,

MAITRE DE PENSION, A BAR-LE-DUC.

A BAR-LE-DUC,

chez LAGUERRE, libraire, rue Rousseau, N.º 14.

=

1837.

Bar-le-Duc, imprimerie de **LAGUERRE**, rue Rousseau, N.º 14.

AVERTISSEMENT.

C'ᴇsᴛ en parlant des Participes que Vaugelas a dit « qu'il n'y avait dans la Grammaire rien » de plus important et de plus ignoré, » et parmi les nombreux *Traités des Participes*, que nous devons à nos plus célèbres grammairiens, il n'y en a peut-être pas deux qui soient d'accord sur la démonstration de tous les points difficiles.

Jusqu'ici, nos *Traités des Participes* n'ont embrassé strictement que les règles qui en déterminent *l'accord* ou *l'invariabilité*, et ils se sont tus sur les élémens nécessaires à cette étude. Je crois combler cette lacune en rattachant à ce petit Traité toutes les notions indispensables qui doivent lui servir de prélude; et quelque faibles que soient les connaissances grammaticales d'une personne, ces connaissances lui suffiront, à l'aide de ce petit recueil, pour appliquer facilement les règles des participes.

NOTIONS PRÉLIMINAIRES.

Avant de commencer l'étude des *participes*, les élèves doivent nécessairement savoir *classer les verbes*, et en trouver facilement les *sujets* et les *régimes*.

Nous donnerons donc une courte définition de ces élémens, en indiquant une manière simple pour bien les re connaître.

DU VERBE.

Le verbe est un mot dont on se sert pour affirmer, ou pour nier l'existence d'une chose.

Quand on dit : *Pierre est plus grand que Paul;* quel est le mot qui affirme que Pierre *est* ou existe? — R. C'est le mot *est. Est* est donc verbe.

DU VERBE ADJECTIF.

Il n'y a qu'*un* verbe en français, c'est le verbe *être;* mais comme il entre dans la composition d'une foule d'autres mots, ceux-ci sont aussi appelés verbes.

Ainsi le mot *manger* est mis pour *être mangeant,* il renferme *l'affirmation de l'existence,* c'est-à-dire le verbe *être*, et *la manière dont cette existence se manifeste*, c'est-à-dire l'adjectif *mangeant*. Les mots qui renferment l'adjectif et le verbe, sont appelés *verbes adjectifs*.

DU SUJET.

On reconnaît le *sujet* d'un verbe en faisant la question *qui est-ce qui?* pour les personnes, et *qu'est-ce qui?* pour les choses, *avant le verbe*.

EXEMPLE :

Mon père a vendu sa maison. Qui est-ce qui a vendu sa maison? — R. *Mon père. Mon père* est le *sujet* du verbe *vendre*.

Le sujet *fait* ou *souffre* toujours l'action exprimée par le verbe.

DES RÉGIMES.

Il y a deux sortes de régimes : le *régime direct* et le *régime indirect*.

Quoique le *premier*, seul, détermine l'accord du participe passé, il est indispensable de les connaître tous les deux pour éviter de les confondre.

Le RÉGIME DIRECT, *sans le secours d'aucune préposition, complète la signification du verbe*. On le reconnaît en faisant la question *qui?* ou *quoi?* *après le verbe*.

EXEMPLE :

J'écris une lettre. J'écris, quoi ? — R. *Une lettre*. Le mot *lettre*, est le *régime direct* du verbe *écrire*.

Le RÉGIME INDIRECT *ajoute à la signification du verbe; mais toujours au moyen d'une préposition, qui l'unit au verbe, comme à, de, par, pour,* etc.

Il répond aux questions *à qui, de qui, par qui,* ou *à quoi, de quoi, par quoi,* etc.

Ainsi : *J'écris une lettre à mon père. J'écris, quoi? —* R. *Une lettre.* (Régime direct.) *A qui? —* R. *A mon père.* (Régime indirect.)

Dans les *verbes passifs,* le régime direct répond aux questions *de qui, par qui,* ou *de quoi, par quoi?* C'est lui qui *fait* l'action exprimée par le verbe, tandis que dans les *verbes actifs* il *la souffre.*

REMARQUES SUR LES PRONOMS-RÉGIMES.

Quelquefois les pronoms personnels *me, te, se, nous, vous, se,* sont mis pour *à moi, à toi, à soi, à nous, à vous, à eux,* dans ce cas ils sont *régimes indirects ;*

On dit :

Je *me* reproche ma négligence	*pour*	Je reproche *à moi* ma négligence;
Tu *t'es* attiré des reproches	*id.*	Tu as attiré *à toi* des reproches;
Il *se propose* d'aller se baigner	*id.*	Il propose *à soi* d'aller se baigner;
Nous *nous* donnons la main	*id.*	Nous donnons la main *à nous ;*
Vous *vous* dites des injures	*id.*	Vous dites *à vous* des injures;
Ils *se* taisent des secrets	*id.*	Ils taisent *à eux* des secrets.

Souvent ils sont régimes directs.

Je *me* frappe	*pour*	Je frappe *moi ;*
Tu *t'*aperçois de mes folies	*id.*	Tu aperçois *toi* de mes folies ;
Il commence à *se* calmer	*id.*	Il commence à calmer *soi ;*
Nous *nous* rendons à notre devoir	*id.*	Nous rendons *nous* à notre devoir;
Vous *vous* êtes esquivés	*id.*	Vous avez esquivé *vous ;*
Ils *se* sont mal comportés	*id.*	Ils ont mal comporté *eux.*

Les pronoms *lui* et *leur* sont toujours *régimes indirects*, dites :

Je l'ai vu faire cela,
Si c'est *lui* qui faisait cela, et
Je lui ai vu faire cela,
Si c'est *à lui* qu'on faisait cela.

Les pronoms *le, la, les, que,* sont toujours *régimes directs.*

Cette femme est votre mère, je l'ai reconnue.
Je les ai vus entrer au spectacle.

J'ai reconnu, *qui ?* — R. *L'* mis pour *votre mère.* (Régime direct.)

J'ai vu, *qui ?* — R. *Les* mis pour eux. (Régime direct.) Qui entraient ou entrant au spectacle.

Remarque. — La connaissance parfaite du régime direct est tout-à-fait indispensable, puisque les difficultés du participe passé n'ont que cela pour objet.

DES DIFFÉRENTES SORTES DE VERBES.

Il y a cinq sortes de verbes adjectifs : *les verbes actifs, les verbes neutres, les verbes pronominaux, les verbes passifs et les verbes impersonnels.*

DU VERBE ACTIF.

Le *verbe adjectif actif,* comme l'indique cette dernière qualification, affirme qu'une *action* a lieu. Cette action est *commise par un être,* qui est le sujet, et *soufferte par un autre être,* qui est le régime direct.

Battre, frapper sont des verbes *actifs ;* car pour battre il faut deux êtres, un *qui batte* (sujet), et l'autre qui *soit battu* (régime direct).

On reconnaît qu'un verbe est *actif* quand on peut

placer immédiatement après lui, *quelqu'un* ou *quelque chose*.

On peut dire *battre quelqu'un, frapper quelque chose ; battre* et *frapper* sont des verbes actifs.

Le verbe actif est conjugué avec *avoir* dans ses temps composés ; il a toujours un régime direct et souvent un régime indirect.

DU VERBE NEUTRE.

Le verbe neutre marque une action faite par le sujet. Il diffère du verbe actif en ce qu'il ne saurait avoir de régime direct.

EXEMPLE :

Nous marchons vîte.

Qui est-ce qui fait l'action de marcher ? — R. *Nous* (sujet). Mais *qui est-ce qui* la souffre ? — Rien ne l'indique. Il n'y a donc pas de régime direct. C'est ce qu'on appelle un *verbe neutre.*

On reconnaît qu'un verbe est neutre quand on ne peut pas placer immédiatement après lui *quelqu'un* ou *quelque chose.*

Dormir, marcher sont des verbes neutres, car on ne peut pas dire *dormir quelqu'un, marcher quelque chose.*

Souvent le verbe neutre n'exprime que *l'état dans lequel se trouve son sujet.*

EXEMPLE :

Cet enfant dort.

Dans tous les cas, le verbe neutre n'a jamais *de régime direct*, mais il peut avoir un régime indirect.

EXEMPLE :

J'ai parlé à cet homme.

J'ai parlé, à qui ? — R. *A cet homme.* (Régime indirect.)

DU VERBE PASSIF.

Le verbe passif n'est autre chose que le verbe actif conjugué avec l'auxiliaire *être*.

EXEMPLE :

Ce château a été pillé par l'ennemi.
Dans la voix passive le *sujet souffre l'action* et *le régime la fait;* le contraire a lieu dans la voix active.

EXEMPLES :

Voix active. *J'aime mon père. Il bâtit une maison.*
Voix passive. *Mon père est aimé de moi. Une maison est bâtie par lui.*

DU VERBE PRONOMINAL.

Le verbe est *pronominal* ou *réciproque* lorsqu'il est conjugué avec un pronom de la même personne que son sujet.

EXEMPLES :

Je me bats ; nous nous sauvons, etc.
Dans les verbes pronominaux le *sujet fait et souffre l'action.*

Remarque. — Le régime direct d'un verbe pronominal répond à la question *qui* ou *quoi,* comme celui du verbe actif.

EXEMPLES :

Je bats, *qui?* — R. *Me* mis pour *moi.* (Régime direct.)
Nous sauvons, *qui?* — R. *Nous.* (Régime direct.)

DU VERBE IMPERSONNEL.

Les verbes impersonnels se distinguent des autres verbes *en ce qu'ils n'ont pas tous leurs temps, et qu'ils ne s'emploient qu'à la troisième personne du singulier.*

EXEMPLES :

Il pleut, il neigeait, il a fallu, il y avait, etc.
Les verbes *être, arriver, pouvoir,* etc. peuvent être pris impersonnellement.

EXEMPLES :

Dites-moi l'heure qu'il est.
Il se peut que vous m'ayez rencontré.
Il est arrivé un grand malheur.
Il fait une chaleur excessive.
Le pronom *il* qui accompagne le verbe impersonnel ne remplace ni une personne ni une chose; c'est un mot vague qu'on ne peut faire rapporter à rien.

DES PARTICIPES.

Les participes tiennent de l'adjectif en ce qu'ils expriment une qualité.

Ils tiennent en même temps du verbe par leur nature, et par leurs fonctions.

Il y a deux sortes de participes : le PARTICIPE PRÉSENT et le PARTICIPE PASSÉ.

Le *participe présent* exprime une action *faite* par le nom ou le pronom auquel il se rapporte.

EXEMPLE :

J'ai trouvé votre père, RELISANT *ses ouvrages*.
Votre père *faisait l'action* de relire.

Le participe présent est *invariable*, il se termine toujours par *ant*.

Le *participe passé* exprime une action *soufferte* par le nom ou le pronom.

Voix active.	*Voix passive.*
Ces parens ont battu leurs en- fans.	Les parens ont été trompés par leurs enfans.
Les enfans *souffrent* l'action d'être battus.	Les parens ont *souffert* l'action d'être trompés par leurs enfans.
Dans la *voix active* le *régime direct* souffre l'action.	Dans la *voix passive* le *sujet* souffre l'action.

DU PARTICIPE PASSÉ.

Le participe passé *s'accorde* en genre et en nombre *avec son sujet ou avec son régime direct*.

Hors ces deux cas, il est invariable.

Tout participe passé, conjugué avec être ou employé sans auxiliaire, s'accorde avec son sujet.

Tous les autres participes passés s'accordent avec leurs régimes directs, quand ils en sont précédés, et ils restent invariables, quand ils en sont suivis ou quand ils n'en ont point.

LE PARTICIPE PASSÉ AVEC SON SUJET.

RÈGLE UNIQUE, SANS AUCUNE EXCEPTION.

Tout participe passé, conjugué avec l'auxiliaire *être*, *sans être verbe pronominal*, s'accorde en genre et en nombre avec *son sujet*.

EXEMPLE :

Les Gaulois ÉTAIENT RANGÉS *en bataille. Les troupes romaines qui leur* ÉTAIENT OPPOSÉES, ÉTAIENT COMPO- SÉES *de guerriers* QUI AVAIENT ÉTÉ HABITUÉS *de vaincre sous Jules César,* etc.

Qui est-ce qui était rangé? R. *Les Gaulois* (sujet).

Qu'est-ce qui leur était op- pose? R. *Qui* mis pour *troupes romaines* (sujet.)

Qu'est-ce qui était com- R. *Les troupes romaines*
posé ? (sujet).
Qui est-ce qui avait été ha- R. *Qui* mis pour *guerriers*
bitué de vaincre ? (sujet.)

Les participes passés, *rangés, opposées, composées,
habitués* prennent le genre et le nombre de leurs sujets.

Tous les verbes passifs et les verbes neutres conjugués
avec *être*, sont assujettis à cette règle.

LE PARTICIPE PASSÉ SANS AUXILIAIRE.

Quand le participe passé n'est pas accompagné d'un
auxiliaire, il n'est plus qu'un véritable adjectif; et, comme
lui, il prend le genre et le nombre du nom ou du pronom qu'il qualifie.

EXEMPLES :

Les Gaulois, VAINCUS *par Jules César, se sont diffi-
cilement soumis à la domination romaine.*

Croyez-vous que des larmes, VERSÉES *sur son tombeau,
le rappelleront à la vie.*

Les participes passés *vaincus* et *versées* s'accordent
avec *Gaulois* et *larmes*.

LE PARTICIPE PASSÉ AVEC SON RÉGIME DIRECT.

1.º *Participe passé avec* AVOIR.

(Verbe actif.)

On dit :

Sans accord.	Avec accord.
J'ai *reçu* une lettre.	La lettre que j'ai *reçue*.
J'ai *donné* cent francs.	Les cent francs que j'ai *donnés*.
Nous aurions *remporté* deux prix.	Les deux prix que nous aurions *remportés*.

Combien avons-nous *lu* de livres?
Elle avait *renvoyé* sa corbeille.
Il a *écarté* tous les obstacles.

Combien de livres avons-vous *lus?*
La corbeille qu'elle avait *renvoyée.*
Les obstacles qu'il a *écartés.*

On voit que dans ces phrases le participe est *invariable*, et que son *régime direct le suit.*

On voit que dans ces phrases le participe *varie*, et que son *régime direct le précède.*

Règle. — *Le participe passé, conjugué avec* AVOIR *et* SUIVI *de son régime direct, reste invariable.*

Règle. — *Le participe passé, conjugué avec* AVOIR *et* PRÉCÉDÉ *de son régime direct, s'accorde avec ce régime en genre et en nombre.*

Les participes passés de tous les verbes actifs et ceux des verbes neutres pris activement, c'est-à-dire, ayant un régime direct, sont assujettis à cette règle.

RÈGLE.

Le participe passé, conjugué avec *avoir*, reste *invariable*, quand il *n'a pas de régime direct.*

EXEMPLES :

Nous avons ri. Les froids nous ont nui.

Les participes de tous les verbes neutres et ceux des verbes actifs pris comme verbes neutres, c'est-à-dire, n'ayant pas de régimes directs, sont assujettis à cette règle.

2.º *Participe passé d'un verbe pronominal.*

Le participe passé d'un verbe pronominal suit, pour l'accord, les mêmes règles que celui d'un verbe actif.

Ainsi on dit :

Sans accord.

Avec accord.

Nous nous sommes *adressé* une lettre.

La lettre que nous nous sommes *adressée.*

Ils se sont *attiré* des réprimandes.   Les chagrins qu'ils se sont *attirés.*
Elles se sont *reproché* leurs fautes.   Les fautes qu'ils se sont *reprochées.*
César et Pompée se sont *disputé*   Le prix de la beauté que se sont
l'empire du monde.   *disputé* les trois déesses.

Dans ces phrases on voit que le participe est *invariable* parce qu'il est *suivi* de son *régime direct.*   Dans ces phrases on voit que le participe *varie* parce qu'il est *précédé* de son *régime direct.*

Dans toutes ces phrases, le *deuxième pronom* est *régime indirect* et, conséquemment, il ne détermine pas l'accord ; mais dans celles-ci :

Ces deux hommes se sont battus (pour ont battu *eux*).

Cette femme s'est noyée (pour a noyé *soi*).

Ces deux enfans se sont esquivés de l'école (pour ont esquivé *eux*) ; le second pronom est régime direct ; il détermine l'accord comme précédant le verbe.

Remarque. — Le second pronom est toujours régime ; il précède toujours le verbe ; la difficulté est de savoir s'il est *régime direct* ou *régime indirect.* Nous avons vu, dans les notions préliminaires, dans quel cas il est l'un ou l'autre.

S'il est *régime direct,* le participe s'accorde avec lui ; s'il ne l'est pas, il faut examiner où est le régime direct et s'il précède ou s'il suit le participe ; cela fait, on applique la règle : *Avec accord, s'il précède, et sans accord, s'il suit.*

PARTICIPE PASSÉ D'UN VERBE NEUTRE CONJUGUÉ PRONOMINALEMENT.

Le *verbe neutre,* ainsi que nous l'avons vu plus haut, n'a jamais de *régime direct ;* par cette même raison, il n'en a pas non plus lorsqu'il est conjugué *pronominalement.*

Prenons le verbe *succéder,* qui est *neutre,* car on ne

succède pas *quelqu'un*, ni *quelque chose*, mais on succède *à quelqu'un* (régime indirect), conjuguons-le promi-
nalement.

Ces *deux princes se sont succédé*. C'est comme si
nous disions : ces deux princes ont succédé *à eux*. Le pronom *se* est régime indirect étant mis pour *à eux ;* il ne
détermine pas l'accord. Le participe passé *succédé* reste
invariable, *n'ayant pas de régime direct*.

RÈGLE.

Le participe passé d'un verbe neutre conjugué pronominalement reste *invariable*, parce qu'il *n'a jamais de
régime direct*.

VERBES ESSENTIELLEMENT PRONOMINAUX.

Parmi les verbes pronominaux, il en est qu'on ne peut
conjuguer que pronominalement, comme *se repentir,
s'abstenir, s'emparer*, etc.

RÈGLE.

Le *participe passé* de ces verbes, qu'on appelle *essentiellement pronominaux, s'accorde toujours avec le second pronom,* parce que ce second pronom en est toujours
le régime direct.

EXEMPLES :

Nous nous sommes repentis d'avoir fait cela. (Nous
avons repenti *nous*.) *Nous nous sommes abstenus d'aller
vous voir.* (Nous avons abstenu *nous*).

Nous venons de voir les règles qui déterminent l'accord
du participe passé avec son régime direct *ou son invariabilité*.

Toutes les observations qui vont suivre ne concernent que la difficulté de trouver le *régime direct* du participe.

Une fois ce régime trouvé on applique la règle ainsi que nous venons de le voir.

Accord, s'il *précède* le participe ; invariable, s'il le *suit*.

REMARQUES SUR LES PARTICIPES PASSÉS.

Première Remarque

Le participe passé ayant un régime, composé d'un NOM *et* D'UNE PROPOSITION SOUS-ENTENDUE.

Quand on dit :

Les trois heures que nous AVONS DORMI *nous ont fait du bien.*

On voit aisément qu'il s'agit d'avoir dormi *pendant* trois heures, car les heures ne se dorment pas. De même quand on dit :

Les dix années que ce prince A RÉGNÉ *ont été heureuses pour la nation.*

C'est comme si l'on disait : les dix années *pendant lesquelles* ce prince *a régné,* etc. Car les années ne se règnent pas, mais on règne pendant dix années.

Les verbes *dormir* et *régner* sont des verbes neutres qui n'ont pas de régime direct. La préposition *pendant, sous-entendue* fait des mots *heures* et *années* deux régimes indirects qui rendent les participes passés *dormi* et *régné* invariables.

Règle. — Chaque fois que le régime d'un participe passé sera composé d'un nom et d'une *préposition sous-entendue,* le participe restera *invariable* comme si cette préposition était exprimée.

Deuxième Remarque.

Le participe passé considéré avec le pronom EN.

Quand on dit :

J'ai acheté plus de livres que vous n'en AVEZ LU.

Vous avez lu *quoi?* R. — *En* mis pour livres ; mais la quantité de livres n'est pas déterminée, *en* représente ici un *certain nombre de livres,* une quantité qu'on ne fixe pas ; *en* est donc un mot vague.

*Avez-vous mangé des carottes nouvelles? Oui j'*EN *ai* MANGÉ.

J'ai mangé *quoi?* — *En* mis pour un *nombre indéterminé de carottes.*

Règle. — Lorsque le mot *en* répond à la question *quoi?* le participe passé reste invariable parce que le mot *en* est un mot vague auquel on ne peut communiquer ni genre ni nombre.

Mais lorsque le mot *en* est *régime indirect,* il ne répond plus à la question *quoi?* Il faut alors examiner s'il y a un régime direct et où il se trouve.

S'il *précède* le participe, *accord.*

S'il le *suit, invariable.*

Exemples :

En parlant d'une personne, dites : *Les bienfaits que j'*EN *ai reçus.* Car, j'ai *reçu quoi?* — R. *Que,* mis pour bienfaits. (Régime direct.) *De qui?* — De EN, représentant la personne de qui je parle.

*J'*EN *ai reçu des bienfaits.* J'ai *reçu quoi?* — R. Des bienfaits. (Régime direct.) *De qui?* — De EN. (Régime indirect.) *Reçu* est *invariable,* non pas parce qu'il est précédé du mot EN, mais parce qu'il est *suivi* de son régime direct.

Troisième Remarque.

Le participe suivi d'un infinitif.

Comme nous venons de le dire, toutes les difficultés du participe passé ne proviennent que de celle de trouver le régime direct.

Nous allons indiquer un moyen bien simple pour le reconnaître dans ce cas-ci :

Quand le régime qui précède le participe *fait l'action* exprimée par l'infinitif qui le suit, *ce régime appartient au participe,* conséquemment, *accord.*

Quand il ne *fait pas l'action* exprimée par l'infinitif, *il en est le régime direct,* et cet infinitif, lui-même, est *le régime direct du participe* qui, conséquemment, *reste invariable.*

Exemples :

LE RÉGIME DIRECT APPARTENANT AU PARTICIPE.	LE RÉGIME DIRECT APPARTENANT A L'INFINITIF.
Avec accord.	*Sans accord.*
Les personnes que j'ai vues sortir.	*Les arbres que j'ai vu abattre.*
Les personnes ont-elles fait l'action de sortir? — R. *Oui.* Accord du participe, car le mot *que,* mis pour personnes, est le régime direct du verbe *ai vues.* Il le précède.	Les arbres ont-ils fait l'action d'abattre? — R. *Non.* Le participe *vu* reste invariable, car il a pour régime direct l'infinitif abattre qui le suit; cet infinitif a lui-même pour régime, le pronom *que,* mis pour *arbres.* En effet : J'ai *vu quoi?* — R. *Abattre.* Abattre *quoi?* — Que, mis pour arbres.

Le participe passé *laissé* suit les mêmes règles.

Exemples :

Les personnes que nous avons *laissées* partir.	Nous nous sommes *laissé* convaincre.
Les personnes *ont fait* l'action de partir. *Accord.*	Nous *n'avons pas fait* l'action de convaincre. *Invariable.*

La même chose a lieu lorsque l'infinitif qui suit le participe est précédé d'une préposition.

EXEMPLES :

L'armée que nous AVONS FORCÉE *de battre en retraite.*
L'armée a fait l'action de battre en retraite. *Accord.*

La leçon que vous AVEZ OUBLIÉ *de réciter.*
La leçon n'a pas fait l'action de réciter. *Invariable.*

Le participe passé du verbe *faire,* fait exception à cette règle : il est toujours invariable lorsqu'il précède immédiatement un infinitif, parce qu'il a toujours cet infinitif pour *régime direct.*

EXEMPLES :

Les plans que nous avons FAIT *construire.*
Nous n'avons pas *fait* les plans, mais nous avons *fait construire* les plans.
Les lettres que vous avez FAIT *écrire.*
Vous n'avez pas *fait* les lettres, mais vous avez *fait écrire* les lettres.

Règle. — Quand l'infinitif qui suit le participe n'est *pas exprimé,* celui-ci reste *invariable,* parce qu'il a toujours cet *infinitif sous-entendu* pour *régime direct.*

EXEMPLES :

Il m'a rendu les services qu'il a PU (sous-entendu me rendre).
Il m'a donné les sommes qu'il a VOULU (sous-entendu me donner).
Il a fait tous les efforts qu'il A DU (sous-entendu faire).
Quand les participes *du* et *voulu* n'ont point d'infinitif *sous-entendu,* ils varient.

EXEMPLES :

Si je lui avais réclamé les sommes qu'il m'a DUES.
Il veut fortement les choses qu'il a une fois VOULUES.
Dues et *voulues* varient n'étant pas suivis d'un infiniti f
sous-entendu.

QUATRIÈME REMARQUE.

Le participe passé entre deux QUE.

Dans cette phrase :
La leçon QUE *j'avais cru* QUE *vous étudieriez.*
Le premier *que* n'est pas le régime direct du participe,
mais bien celui du verbe qui le suit, ce qui est facile à vé-
rifier en faisant les questions suivantes : *j'avais cru quoi ?*
— R. *Que vous étudieriez. Que vous étudieriez quoi ?*
— *Que* mis pour la *leçon.*

*Règle. — Le participe passé, entre deux que, reste
invariable, ayant toujours pour régime direct ce qui
suit le second que.*

CINQUIÈME REMARQUE.

Le participe passé suivi d'un adjectif qualificatif.

L'adjectif qualificatif qui suit immédiatement le participe n'en est jamais le régime direct, il répond à la question *comment ?*

EXEMPLE :

On nous a JUGÉS COUPABLES. On a jugé, *qui ?* — R.
Nous. (Régime direct). On nous a jugés, *comment ?* — R.
coupables, adjectif qui qualifie *nous. Jugés* s'accorde
avec son régime direct *nous,* parce qu'il en est précédé,
et *coupables,* prend le genre et le nombre du pronom
nous, qu'il qualifie.

Exception. — L'adjectif peut être pris adverbialement et alors il reste invariable, ainsi que le participe.

EXEMPLE :

Les conseils que j'ai CRU NÉCESSAIRE *de vous donner.*
C'est comme si l'on disait :
Les conseils que J'AI CRU (*qu'il était*) NÉCESSAIRE *de vous donner.*

Le participe *cru* reste invariable parce qu'il a pour régime direct ce qui le suit : J'ai cru *quoi?* — R. *Qu'il était nécessaire,* etc., et non pas *les conseils.*

Ainsi chaque fois que le participe sera suivi d'un adjectif qualificatif et qu'entre ces deux mots, on pourra placer le *verbe impersonnel être,* non seulement l'adjectif, qui sera pris comme adverbe, sera invariable, mais encore le participe, parce que son régime direct sera toujours l'impersonnel qui le suit.

SIXIÈME REMARQUE.

Le participe passé d'un verbe impersonnel.

Règle. — Les participes passés des verbes impersonnels restent toujours *invariables.*

EXEMPLES :

Quelle chaleur il A FAIT *aujourd'hui !*
Il est ARRIVÉ *deux diligences à midi.*
Il s'est GLISSÉ *une erreur dans vos calculs.*

SEPTIÈME REMARQUE.

Le participe passé précédé du mot PEU.

Le mot *peu* signifie ou le *manque total,* ou une *petite quantité.*

Le mot *peu*, quelle que soit sa signification, est suivi d'un régime auquel il est joint par la préposition *de*, comme *peu d'argent*, le *peu d'industrie*, etc.

Règle. — Le participe, précédé du mot *peu*, reste *invariable*, *quand peu* signifie le *manque total;* et il s'accorde avec le régime du mot *peu*, quand *peu* signifie une *petite quantité*.

EXEMPLE :

Le PEU *d'aptitude qu'il a* MONTRÉ *l'a fait renvoyer de sa place.*

Ici, c'est le *manque* d'aptitude, le participe *montré* reste *invariable ;* mais quand on dit :

Le PEU *de semence que vous m'avez* DONNÉE M'A SUFFI.

Ici, c'est une *petite quantité* de semence, le participe *donnée* s'accorde avec le régime du mot *peu*.

HUITIÈME REMARQUE.

Le participe passé précédé du pronom L'.

Le pronom *l'* est toujours *régime direct ;* il peut remplacer un *nom*, un *pronom*, une *phrase* ou un *infinitif*.

Règle. — Quand le pronom *l'* remplace une *phrase* ou un *infinitif*, le participe est toujours *invariable*.

EXEMPLE :

Avez-vous entendu applaudir ? — Oui je L'AI *entendu.*

J'ai entendu *quoi ?* — L' mis pour *applaudir* (infinitif).

Avez-vous cru qu'il était malade ? — Oui JE L'AI CRU.

J'ai cru *quoi ?* L' mis pour *qu'il était malade* (phrase).

Quand le pronom *l'* remplace un *nom* ou un *pronom*, le participe *prend le genre et le nombre du nom ou du pronom qu'il remplace.*

Exemple :

Avez-vous vu ma sœur? — Oui je l'ai vue.

J'ai vu *qui?* — L' mis pour *sœur* (nom).

Elle est partie pour la campagne. — Je l'ai vue *mon-ter en voiture.*

J'ai vu *qui ?* — L' mis pour *elle* (pronom), qui faisait l'action de monter en voiture.

Neuvième Remarque.

Le participe passé avec un collectif ou un adverbe de quantité.

Quand on dit :

Le nombre *de citoyens qu'on avait* avertis, *n'était pas grand.*

On n'avait pas averti un nombre, mais bien des citoyens, et le nombre de ces citoyens n'était pas grand. *Avertis* s'accorde avec son régime *citoyens.*

Le nombre *des bons citoyens est bien* diminué.

Qu'est-ce qui est diminué? Ce ne sont pas les bons ci-toyens, mais bien le *nombre* des bons citoyens. *Diminué* s'accorde avec son sujet *nombre.*

Règle. — Le participe s'accorde avec *le collectif* quand ce collectif renferme la *totalité des objets* désignés par son régime. Il s'accorde avec *le régime même* quand le col-lectif n'en renferme *qu'une partie.*

Dites :

Une centaine de soldats se sont noyés.

Car l'idée principale n'est pas *centaine* mais bien des *sol-dats* au nombre de *cent.* Tous les soldats ne se sont pas noyés.

*Le tiers des fleurs que j'*ai plantées sont mortes.

L'idée principale est *fleurs* et non pas *tiers.*

Mais dites :

La foule des promeneurs fut arrêtée *par ce spectacle inattendu.* Car tous les promeneurs furent arrêtés.

L'idée principale est *la foule.*

Une foule de promeneurs furent ARRÊTÉS *par ce spectacle.*

Promeneurs devient ici l'idée principale, ce sont *des promeneurs en grand nombre, en foule, qui furent arrêtés ;* mais non pas *tous* les promeneurs.

Quand le régime d'un collectif est sous-entendu, le participe dont il est le sujet ou le régime se met au pluriel

Que les hommes sont mal gouvernés ! La plus grande partie sont obligés de travailler pour nourrir quelques fainéans.

Dites, en parlant des hommes :

La plupart sont habitués à obéir à leurs passions.

Il en est des adverbes de quantité comme des collectifs. Dites :

Tant d'années se sont ÉCOULÉES *depuis ce moment.*

Beaucoup de personnes s'étaient EMPLOYÉES *pour moi.*

DIXIÈME REMARQUE.

Les participes passés VALU *et* COUTÉ.

Lorsque le participe passé *valu*, signifie *procuré*, et qu'il est *précédé* de son régime direct, il *s'accorde* avec lui en genre et en nombre.

Il est *invariable* quand il a une autre signification.

EXEMPLES :

Avec accord.	*Sans accord.*
Les bénéfices que cette entreprise lui A VALUS, *l'ont enrichi.*	*Ce champ aurait dû être vendu cent louis, car il les a* VALU.
On peut dire : *Les bénéfices que cette entreprise lui* A PROCURÉS, etc.	On ne veut pas dire que le *champ a procuré cent louis*, on dit simplement que le champ *a eu la valeur de cent louis.*
Accord de *valus* avec *que* mis pour *bénéfices.*	*Valu* reste invariable, ne *signifiant pas* procuré.

Lorsque le participe passé *coûté* signifie *causé*, *occasionné*, et qu'il est *précédé* de son régime direct, il *s'accorde* avec lui en genre et en nombre.

Il est *invariable* quand il a une autre signification.

Exemples :

<table>
<tr><td> *Avec accord.* </td><td> *Sans accord.* </td></tr>
<tr><td>*Les peines que ce travail m'a* COUTÉES.</td><td>*Je regrette beaucoup les cent écus que cette montre m'a* COUTÉ.</td></tr>
<tr><td>C'est-à-dire m'a *causées*, *occasionnées*. Accord de *coûtées* avec *que* mis pour *peines*.</td><td>*Coûté* invariable, car on ne peut pas dire que *la montre m'a coûté, occasionné les cent écus que je regrette*.</td></tr>
</table>

Ce que nous venons de dire sur le participe passé, suffit pour faire connaître les règles qui en déterminent l'accord ou l'invariabilité ; néanmoins, désirant rendre ce traité aussi complet que possible, nous y ajouterons quelques règles du ressort de la syntaxe du verbe qui peuvent aussi s'appliquer aux participes.

1.° *Le participe passé ayant plusieurs sujets ou plusieurs régimes unis par la conjonction* ET.

Quand un participe, conjugué avec *être,* a deux ou plusieurs sujets masculins singuliers unis par la conjonction *et,* il se met au pluriel et au genre masculin, car *tous les sujets* ont part *à la fois* à l'action exprimée par le verbe.

Mon frère ET *mon oncle sont* PARTIS.

Les deux sujets sont partis.

Il en est de même quand le participe est conjugué avec *avoir* et qu'il est précédé de deux ou de plusieurs régimes masculins singuliers, unis par *et :*

C'est mon frère ET *son ami qu'on a* RETENUS.

On a retenu les deux régimes.

Si les sujets ou les régimes sont de différens genres ou

met le participe au masculin pluriel, en ayant soin de placer le sujet ou le régime masculin le plus près du participe, afin d'éviter la dissonnance.

Dites :

Ma sœur ET *mon frère sont* INSTRUITS *de cet événement.*

Et non pas :

Mon frère ET *ma sœur sont* INSTRUITS, etc.

Quand les sujets ou les régimes sont du genre féminin, le participe se met au féminin, et prend la marque du pluriel.

Ma mère ET *ma sœur sont* INVITÉES *à dîner.*

2.° *Le participe passé ayant deux sujets ou deux régimes unis par la conjonction* OU.

Quand le participe passé a plusieurs sujets ou plusieurs régimes unis par la conjonction *ou,* il ne s'accorde qu'avec le dernier.

Dites :

Est-ce l'anneau OU *la boîte qu'on a* RENVOYÉE.

Renvoyée s'accorde avec *boîte,* parce que ce régime est plus proche du participe que l'autre régime *anneau.*

Est-ce la boîte OU *l'anneau qu'on a* RENVOYÉ.

Renvoyé s'accorde avec *anneau,* parce que ce régime est plus proche du participe que l'autre régime *boîte.*

Dans ces deux exemples, il n'y a qu'un régime qui puisse souffrir l'action d'être renvoyé, c'est, ou l'anneau ou la boîte, *un des deux* et non pas *tous les deux.*

Est-ce votre oncle OU *votre tante qui est* VENUE ?

Venue s'accorde avec le sujet *tante,* parce qu'il est plus proche de ce participe que l'autre sujet *oncle.*

Est-ce votre tante OU *votre oncle qui est* VENU ?

Venu s'accorde avec le sujet *oncle,* qui est plus proche de ce participe que l'autre sujet *tante.*

Dans ces deux exemples, il n'y a qu'un sujet qui puisse avoir fait l'action de *venir*, c'est ou l'*oncle* ou la *tante*, *l'un ou l'autre* et non pas *l'un et l'autre*.

3.° *Le participe passé avec deux sujets unis par la conjonction* NI.

Règle. — Quand le participe passé a plusieurs sujets unis par la conjonction *ni*, il se met au pluriel s'ils peuvent avoir *tous part à l'action*, et au singulier s'il n'y en a *qu'un* qui puisse y avoir part.

EXEMPLE :

Antoine et Lepidus aspiraient à la royauté; NI *l'un* NI *l'autre n'y* SONT PARVENUS; NI *l'un* NI *l'autre n'a* ÉTÉ DESTINÉ *à succéder à César.*

On dit *sont parvenus* parce que *l'un et l'autre* pouvaient y parvenir, mais on dit *a été destiné,* au singulier, parce que César ne pouvait pas avoir deux successeurs.

4.° *Le participe passé avec deux sujets ou deux régimes unis par* NON-SEULEMENT..... MAIS ENCORE.....

Quand deux sujets ou deux régimes sont unis par *non-seulement..... mais encore.....* le participe s'accorde avec celui qui le précède le plus immédiatement.

Dites :

NON-SEULEMENT *le général*, MAIS ENCORE *les soldats* ont été BLAMÉS.	NON-SEULEMENT *les soldats* MAIS ENCORE *le général* a été BLAMÉ.
C'est NON-SEULEMENT *le professeur* MAIS ENCORE *les élèves* qu'on a LOUÉS.	Ce sont NON-SEULEMENT *les élèves* MAIS ENCORE *le professeur* qu'on a LOUÉ.

On peut dire également :

Non-seulement *le général a été* blamé, mais encore *les soldats*.

Non-seulement *les soldats ont été* blamés, mais encore *le général*.

C'est non-seulement *le professeur* qu'on a loué, mais encore *les élèves*.

Ce sont non-seulement *les élèves* qu'on a loués, mais encore *le professeur*.

5.° *Le participe passé avec deux sujets ou deux régimes unis par un adverbe de comparaison.*

Lorsque les deux sujets ou les deux régimes sont unis par *plus que, moins que, autant que, ainsi que, comme, de même que, aussi bien que,* ou par tout autre locution comparative. Le participe s'accorde avec le sujet ou le régime qui précède ces mots, car l'autre qui les suit, est toujours le régime et non pas l'objet principal de la comparaison :

Exemples :

C'était lui, bien plus qu'*eux, qu'on avait* trompé.

Ce fut moins *le* courage que *l'habilité du héros qu'on a* admiré.

La gloire *d'Achille,* ainsi que *les malheurs de Troie, a été* célébrée *dans les vers d'Homère.*

Trompé s'accorde avec son régime direct *lui;*

Admiré s'accorde avec *courage,* son régime direct ;

Célébrée s'accorde avec son sujet *gloire;*

Parce que *lui, courage* et *gloire* précèdent les adverbes comparatifs.

6.° *Le participe passé, qui a plusieurs sujets ou plusieurs régimes dont la signification est à peu près sinonyme, s'accorde avec le dernier. Il en est de même quand le dernier sujet ou le dernier régime représente tous les autres.*

EXEMPLES :

Citoyens, magistrats, LA VILLE ENTIÈRE ÉTAIT PLONGÉE *dans la consternation;*

Soldats, officiers, généraux, TOUTE L'ARMÉE ÉTAIT AFFLIGÉE *de sa perte;*

Jeux, conversations, spectacles, RIEN NE FUT NÉGLIGÉ *pour me procurer des divertissemens.*

DU PARTICIPE PRÉSENT.

Le participe présent, exprime une action faite par le nom ou le pronom auquel il se rapporte. Il est invariable et il se termine toujours par *ant.*

EXEMPLE :

Ces choses INTÉRESSANT *tout le monde, chacun les écoutera.*

Néanmoins le participe présent *varie* quand il n'exprime plus une action, mais bien une qualité.

EXEMPLE :

Je vous raconterai des choses INTÉRESSANTES.

C'est-à-dire qu'elles ne *feront pas* l'action d'intéresser mais par leur nature elles ont *la qualité* d'intéresser. Le participe présent qui varie est appelé ADJECTIF VERBAL.

Le *participe présent* exprime donc *ce que font* les choses;

Et *l'adjectif verbal, comment elles sont* : Celui-ci prend le genre et le nombre du nom ou du pronom qu'il *qualifie.*

Exemples :

Participes présents.	Adjectifs verbaux.

Les grecs *triomphant* partout de leurs ennemis, etc.

Ils faisaient l'action de triompher.

Les deux Scipions retournèrent *triomphants* à Rome.

Comment étaient-ils quand ils retournèrent à Rome? ils étaient *triomphants*.

Leurs exploits *étonnant* tous les peuples, etc.

Leurs exploits *faisaient l'action* d'étonner tout les peuples.

Les arts et les sciences firent des progrès *étonnants*.

Comment étaient les progrès? Ils étaient *étonnants*.

Nous trouvâmes cette femme *expirant* et *tenant* ses enfants embrassés.

Nous courûmes au secours de cette femme et nous la trouvâmes *expirante*.

Ces enfans *ressemblant* à leur père, seront grands et robustes.

Nous avons trouvé les portraits *ressemblants*.

Les nègres, sont des êtres *vivant* comme nous.

Les nègres sont des êtres *vivants*, comme nous.

1.º Le participe présent peut avoir un *régime direct*.

1.º L'adjectif verbal n'a jamais de *régime direct*.

2.º Il peut être précédé de la négation *ne*.

2.º Il n'est jamais précédé de la négation *ne*.

3.º Il est souvent précédé de la préposition *en*.

3.º L'adjectif verbal ne peut jamais être précédé de la préposition *en*.

4.º Le participe présent exprime une action passagère, momentanée.

4.º L'adjectif verbal exprime une qualité permanente, stable.

Ces indications et les exemples précédents, suffisent pour établir cette distinction.

—————

ERRATUM.

Page 26, ligne 8, au lieu de *se met au pluriel*, lisez : *s'accorde comme si le régime était exprimé*.

SE TROUVE :

Chez MM. RORET, libraire, rue Hautefeuille, N.° 10 bis,
au coin de celle du Battoir, à *Paris*;

HACHETTE, libraire, rue Pierre-Sarrasin,
N.° 12, à *Paris*;

LAGUERRE, libraire, rue Rousseau, N.° 14,
à *Bar-le-Duc*;

VIDART, libraire à *Nancy*;

LALLEMANT, libraire à *Verdun*;

NICOLAS, libraire à *Commercy*;

BONNET, libraire à *Saint-Mihiel*;

Mme GARSONNET, libraire à *Ligny*.

Bar-le-Duc, Imprimerie de LAGUERRE.